Jean-Claude Parfait EKOMI ABOUE

Je veux T'adorer

Jean-Claude Parfait EKOMI ABOUE

Je veux T'adorer

L'Ere des vrais adorateurs

Éditions Croix du Salut

Imprint
Any brand names and product names mentioned in this book are subject to trademark, brand or patent protection and are trademarks or registered trademarks of their respective holders. The use of brand names, product names, common names, trade names, product descriptions etc. even without a particular marking in this work is in no way to be construed to mean that such names may be regarded as unrestricted in respect of trademark and brand protection legislation and could thus be used by anyone.

Cover image: www.ingimage.com

Publisher:
Éditions Croix du Salut
is a trademark of
International Book Market Service Ltd., member of OmniScriptum Publishing Group
17 Meldrum Street, Beau Bassin 71504, Mauritius

Printed at: see last page
ISBN: 978-613-7-37118-3

JE VEUX T'ADORER

OU

L'ERE DES VRAIS ADORATEURS

SOMMAIRE

PREFACE

Bonjour à vous chers frères et sœurs en Jésus-Christ notre Seigneur et Maître! Heureux de voir que vous vous êtes procuré ce livre. Je tiens à vous exprimer toute ma joie car, je sais que par cette action vous grandirez dans ce domaine qu'est l'adoration.

Pourquoi cette joie qu'est la mienne ?

Ce livre se veut la continuité du précédent à savoir: **Je veux Te Louer.**

Dans quel but ?

Equipé les chantres de Jésus pour l'exercice du ministère. Et que Dieu le Père, notre Père ne puisse plus chercher partout la Terre, de vrais adorateurs qui L'adorent en Esprit et en vérité. **Cf Jean 4 : 23-24**

Ce manuel vient à point nommé, pour que l'atmosphère du Royaume des Cieux soit pleinement manifestée dans toutes nos réunions. Et que le doux parfum de Jésus notre Seigneur et Sauveur sature nos vies et la Terre à nouveau.

Habacuc 2 : 14 *Car la Terre sera rempli de la connaissance de la gloire de l'Eternel, comme le fond de la mer par les eaux qui le couvrent* **Louis Segond.**

Aussi, j'invite tous les chantres de Jésus à s'en procurer.

Que sois béni éternellement, notre Seigneur Jésus !

INTRODUCTION

Ça y est, alors que va-t-on pouvoir dire avant de partager la connaissance sur le thème qui nous réunis à savoir celui de l'Adoration à Yeshua Ha Mashia (Jésus-Christ).

C'est que, l'Adoration tout comme le Salut et le service font partie des sujets clefs dans la Bible.

Le but visé par le Père (Elohim) étant de nous sauvé, selon qu'il est écrit dans le livre de

Jean 3 : 16 *Car Dieu a tant aimé le monde qu'IL a donné Son Fils unique, afin que quiconque croit en Lui ne périsse point, mais qu'il ait la vie éternelle.* **Louis Segond**

Mais aussi, que les hommes qu'IL a racheté au prix et au moyen du Sang de Son cher Fils, Lui rendent hommage et gloire en honorant Jésus notre Seigneur par nos vies, nos louanges et adorations. Selon qu'il est écrit dans le livre de

Jean 5 : 22-23 *Le Père ne juge personne, mais IL a remis tout jugement au Fils,*

Afin que tous honorent le Fils comme ils honorent le Père. Celui qui n'honore pas le Fils n'honore pas le Père qui L'a envoyé. **Louis Segond**.

D'où notre sujet. Comment parvenir à honorer notre Seigneur Jésus?
A satisfaire aux exigences du Royaumes des Cieux dans le domaine de l'Adorations etc… ?

Je vous rassure, rien à voir avec une dissertation en français.

Alors, nous pouvons rentrer dans le vif du sujet.

LA PRESENCE DE DIEU

S'approcher de Dieu, avec l'assurance que nous Lui sommes agréables. Mais aussi, qu'IL nous écoute et nous répond est le désir de tout enfant de Dieu.

Et pour être compter au nombre de tous ceux qui sont appelées par le Seigneur Jésus bon et fidèle serviteur, nous voulons parler

- Des Parvis
- Du Lieu Saint
- Du Lieu très Saint

Je pense très sincèrement que si, nous ne profitions pas de la Présence glorieuse de Jésus notre Seigneur par Son Esprit en nous, cela fera de nous des hommes ou des femmes les plus à plaindre sur cette Terre.

Jean 1 : 12 *Mais à tous ceux qui L'ont reçue, à ceux qui croient en Son Nom, Elle a donné le pouvoir de devenir enfants de Dieu, lesquels sont nés*

Non du sang, ni de la volonté de la chair, ni de la volonté de l'homme, mais de Dieu. **Louis Segond**.

Elle a donné le *Pouvoir* ⟶ Elle a donné le *Privilège*.

Comme pour nous signifier ; c'est à notre avantage d'avoir Jésus comme Seigneur et Maître.

Psaumes 100 : 4 *En entrant dans Son Temple, acclamez-Le ; dans la cour intérieure, exprimez vos louanges. Louez le Seigneur, remerciez-Le d'être votre Dieu.* **Bible Français Courant**.

LES PARVIS

Les Parvis représentent le premier niveau dans le processus de l'adoration. La découverte du Seigneur par Ses œuvres. Le Seigneur a opéré de grands prodiges. Je prends conscience de cela. Et, je suis tellement content que je m'approche de Lui, en signe de reconnaissance et d'actions de grâce avec, des louanges qui célèbrent Sa grandeur, Son autorité, Ses bontés, Sa toute-puissance etc…

Psaumes 100 : 4 *Entrez dans Ses portes avec des louanges. Dans Ses parvis avec des cantiques ! Célébrez-Le, bénissez Son Nom ! Car l'Eternel est bon, Sa bonté dure toujours, et Sa fidélité de génération en génération* **Scofield**

Je me rends compte que ce que l'on m'a dit de Jésus est la vérité. Donc, je commence à m'intéresser un peu plus. Et, j'ai envie à nouveau qu'Il agisse dans les autres situations par lesquelles je passe. Je suis prêt à aller partout dire ce qu'IL a fait pour moi.

Jean 4 : 28-29 *Alors la femme abandonne là sa cruche, court vers la ville et va de l'un à l'autre en disant :*

Venez voir un Homme qui m'a dit tout ce que j'ai fait .... **Parole Vivante**

Psaumes 18 : 4- 8 *Je m'écrie loué soit l'Eternel ! Et je suis délivré de mes ennemis les liens de la mort m'avait épouvanté.*

Les liens du sépulcre m'avaient entouré, les filets de la mort m'avaient surpris.

Dans ma détresse, j'ai invoqué l'Eternel. J'ai crié à mon Dieu ; de Son Palais, IL a entendu ma voix, et mon cri est parvenu devant Lui à Ses oreilles.

La Terre fut ébranlé et trembla, les fondements des montagnes frémirent. Et, ils furent ébranlé, parce qu'IL était irrité.

Il s'élevait de la fumée dans Ses narines, et un feu dévorant sortait de sa bouche. IL en jaillissait des charbons embrassés. **Louis Segond 1975**.

Donc, les parvis représente toutes les épreuves que nous vivions au quotidien, et qui font naître en nous la louange, la reconnaissance.

Bien qu'il soit écrit dans le

Psaumes 65 : 4(a) *Heureux celui que Tu choisis et que Tu admets en Ta Présence, pour qu'il habite dans Tes parvis.* **Louis Segond 1975.**

Et

Psaumes 84 :11 *Mieux vaut un jour dans Tes parvis que mille ailleurs ; je préfère me tenir sur le seuil de la maison de mon Dieu, plutôt que d'habiter sous les tentes de la méchanceté* **Louis Segond 1975.**

Les parvis représentent néanmoins le minimum ; le seuil de la Présence du Père, de Jésus, du Saint-Esprit. Le meilleur est devant. C'est pourquoi nous parlerons de L'Adoration en long et en large dans ce livre.

Bien avant, permettez-moi de partager avec vous, ces paroles de mon père spirituel dans la louange et l'adoration (**Terry Macalmon**). Elles sont en anglais certes, mais je les traduirai en français.

This is the time when true worshipers, worship You

These are the days when my Father's ways will be known to men.

This is the hour when the Spirit's power will move again.

As we worship You in Spirit and Truth.

En Français

Voici venu le temps où les vrais adorateurs T'adoreront.

Voici venu ces jours où les voies du Père seront connues des hommes.

Voici venu ces jours où la puissance du Saint-Esprit se mouvra à nouveau.

Alors que nous Te louons en Esprit et en vérité.

Oui, c'est pour cet objectif que ce livre est écrit.

Holy, Holy, Holy is Your Name

You are worthy, worthy

And all the Earth proclaim You are mighty

There is no god like You.

And we worship You in Spirit and truth.

En Français

Saint, Saint, Saint est Ton Nom

Tu es digne, oui très digne

Et toute la Terre proclame que Tu es puissant.

Il n'y a pas de dieux comme Toi.

C'est pourquoi nous Te louons en Esprit et en vérité.

Amen ! Dans le Nom de Jésus !

Cette partie qui traite des parvis, est développée en long et en large dans le livre **Je veux Te louer ou l'ère des vrais adorateurs**. Comme ce livre se veut être une continuité nous avons abordé cette partie comme un rappel de ce qui a été développé dans je veux Te louer.

Les Parvis sont caractérisés essentiellement par la Louange. Qui elle peut être parlé ou sous forme de cantiques. Pour plus détails se référer au livre **Je veux Te louer ou l'ère des vrais adorateurs.**

LE LIEU SAINT

La Présence du Seigneur est réglementée. Si la Volonté du Père est que tous les hommes soient sauvés, et parvienne à Sa connaissance et à celle de Jésus notre Seigneur **Cf Jean 17 :1-3**, il n'en demeure pas moins que le Lieu saint n'est pas admis à tous et atteint par tous les frères et sœurs dans la foi. Quoique la grâce soit disponible. En effet, le voile du Temple a été déchiré. **Cf Math 27 : 51**.

Pour le comprendre nous allons étudier ce que c'est que la sainteté.

ETRE SAINT QU'EST-CE QUE C'EST ?

Esaïe 6 : 1-3 *C'était l'année où mourut le roi Ozias. Dans une vision, j'aperçus le Seigneur assis sur un trône très élevé. Les pans de Son manteau remplissaient le Temple.*

Des anges flamboyants se tenaient au-dessus de Lui. Ils avaient chacun six ailles : deux leur servaient à se cacher le visage, deux à se voiler le corps et deux à voler.

Ils criaient l'un à l'autre :

Saint, Saint, Saint, le Seigneur de l'Univers !

La Terre entière est remplie de Sa glorieuse Présence. **Français Courant.**

Apocalypse 4 :6-8 *Devant le Trône, il y avait comme une mer de verre, aussi claire que du cristal. Au milieu du Trône, se trouvaient quatre êtres vivants, couverts d'yeux par-devant et par-derrière.*

Le premier être vivant ressemblait à un lion et le deuxième à un jeune taureau ; le troisième avait un visage pareil à celui d'un homme ; et le quatrième ressemblait à un aigle en plein vol.

Chacun des quatre êtres vivants avait six ailes, couvertes d'yeux par-dessus et par-dessous. Ils ne cessent pas de chanter jour et nuit :

Saint, Saint, Saint est le Seigneur Dieu Tout-Puissant, qui était, qui est et qui vient **Français Courant**.

Etre saint, signifie être irréprochable. Lorsque les anges *s'écrient Saint, Saint, Saint est l'Eternel des Armées et toute la Terre est remplit de Sa gloire.*

Ils veulent seulement traduire, le fait que Dieu n'est nullement responsable de tout le désordre qu'il y a sur la Terre. Qu'IL est irréprochable sur tout ce qu'ils peuvent (Anges) observer sur la Terre. Au contraire, lorsqu'on y regarde de plus près, on voit resplendir Sa gloire sur cette Planète.

Le Lieu Saint exige que nous soyons saints ; donc irréprochables. C'est pourquoi dans

Lev 19 : 1-2 *Le Seigneur dit à Moise de communiquer à toute la communauté d'Israël les prescriptions suivantes :*

Soyez saints, car Je suis saint, Moi, le Seigneur votre Dieu. **Français Courant**.

Ainsi donc, Jésus exige que nous soyons irréprochables dans toute notre conduite.

1 **Pierre 2 :12** *Ayez une bonne conduite parmi les païens ; ainsi, même s'ils médisent de vous en vous traitant de malfaiteurs, ils seront obligés de reconnaitre vos bonnes actions et de louer Dieu le jour où IL viendra* **Français Courant**.

Car, **Psaumes 93 : 5** *Tes témoignages sont entièrement véritables ; La sainteté convient à Ta Maison, Ô Eternel! Pour toute la durée des temps.* **Scofield.**

A la différence des parvis, le Lieu Saint demande quelques exigences pour avoir part à ce niveau de communion.

La question que devrait se poser un lecteur de la Parole alors qu'il est arrivé à ce niveau est la suivante :

Ne sommes-nous pas Sauvés par grâce ? Est-il possible de satisfaire les exigences de notre Seigneur Jésus sans vaciller ?

Rom 3 : 20 *Car personne ne sera reconnu juste aux yeux de Dieu pour avoir obéi en tout à la Loi ; la Loi permet seulement de prendre connaissance du péché* **Français Courant**.

ŒUVRES OU FOI ?

Il est vrai que l'homme ne peut et ne pourra jamais être sauvé par les œuvres. Le livre de

Eph 2 :8-9 *Car c'est par la grâce de Dieu que vous avez été sauvés, au moyen de la foi. Ce salut ne vient pas de vous, il est un don de Dieu.*

Il n'est pas le résultat de vos efforts, et ainsi personne ne peut se vanter. **Français Courant.**

Evidemment, le Salut est un don comme le déclare les écritures. Il nous faut seulement croire et confesser selon qu'il est écrit

Rom 10 :10 *Car c'est en croyant du cœur qu'on parvient à la justice, et c'est en confessant de la bouche qu'on parvient au Salut, selon ce que dit l'Ecriture* **Scofield.**

La Parole dans ce passage nous parle de la Vie éternelle qui est accordée gratuitement en suivant ce principe de croire et de confesser. Hors mis cela, elle ne stipule pas que nous ayons toujours le droit au Lieu Saint. Car, le Lieu Saint comme son nom l'indique est un Lieu qui ne tolère pas la souillure.

Est-ce à dire que nous ne pouvons pas péché ?

Il est possible qu'un frère ou une sœur pêche. Mais cela ne doit pas être volontairement et de manière répétée ; comme un mode de vie. Lisez calmement et attentivement ce verset.

1 Jean 3 :4-10 *Celui qui commet le péché viole la Loi de Dieu, car le péché par définition, est la violation de cette Loi.*

Or, vous le savez bien, Jésus n'a jamais péché et IL a paru ici-bas pour ôter les péchés. Par conséquent, si quelqu'un demeure en communion avec Lui, il ne continue pas à pécher. Celui qui s'adonne au péché prouve par là ***qu'il ne l'a jamais connu ni compris****.*

Mes enfants, ***ne vous laisser égarer sur ce point par personne*** *: est juste celui qui fait ce qui est juste (C'est-à-dire ce qui correspond à la volonté de Dieu), tout comme le Christ Lui-même est juste en accomplissant la volonté de Son Père. Celui qui s'adonne au péché est un enfant du diable, car le diable est à l'origine du péché et il pèche dès le commencement. Le Fils de Dieu est précisément venu* sur la Terre pour détruire l'œuvre du diable.

Celui qui, ***par la nouvelle naissance****, est devenu enfant de Dieu, ne s'adonne pas au péché, car le principe de vie qui vient de Dieu a été implanté en lui et demeure en lui.* ***Il est incapable de s'adonner au péché****, puisqu'il est né de Dieu.*

C'est à ce signe que les enfants de Dieu et les enfants du diable se font reconnaître et qu'on peut les distinguer : celui qui ne fait pas ce qui est juste ne vient pas de Dieu, pas plus que celui qui n'aime pas son frère. ***Parole Vivante****.*

S'adonner qui signifie ici prendre plaisir à la voie du péché. Se lancer dans le péché sans regret, ni culpabilité. Si un frère ou une sœur n'a pas encore divorcé avec le péché le Lieu Saint ne lui est pas ouvert.

Aussi, il ou elle rentrerait dans la parole du Seigneur Jésus, selon laquelle

Apocalypse 22 :11 *Que celui qui est mauvais continue à mal agir, et que celui qui est impur continu à être impur ; que celui qui fait le bien continu à le faire, et que celui qui est saint progresse dans la sainteté*. **Français Courant**.

Apocalypse 22 :11 *Que celui qui commet le mal, persiste dans ses injustices. Que celui qui aime la saleté, continu à se salir ; mais que l'homme de bien persévère aussi dans ses bonnes actions, et que celui qui est consacré à Dieu reste fidèle à cette consécration et continu à vivre pour Lui.* **Parole Vivante**.

Le Lieu Saint est pour tous ceux qui ont divorcé avec une vie de péché. Et qui ne cesse de progresser dans leur sanctification.

Ainsi donc,

2 Corinthiens 7 : 1 ... *Purifions-nous de tout ce qui salit le corps ou l'âme et efforçons-nous d'être parfaitement saints en vivant dans le respect de Dieu.* **Français Courant**.

Hébreux 12 :14 ... *Mener une vie sainte ; car, sans cela, aucun de vous ne pourra voir le Seigneur*. **Français Courant**.

LE LIEU TRES SAINT

1 Jean 2 : 13-14 (b) *Je vous écris, à vous qui êtes à présent des pères, car vous êtes en communion avec Celui qui est dès le commencement du Monde....*

Je vous ai écrit, à vous, pères parce que vous avez connu et compris Celui qui existe depuis le commencement... **Parole Vivante**.

Ceux qui y pénètrent sont, ceux qui sont devenus parfait en Amour. Qui aiment sans hypocrisie, ni détour. Ce sont tous ceux qui servent le Père ou Jésus, sans crainte d'un quelconque Jugement dernier. Mais, simplement dû au fait qu'ils soient parvenu à apprécier Dieu, ou apprécient tout simplement, Sa nature, Sa Loi, Sa Parole, Sa sainteté.

1 Jean 5 : 18-19 *Dans un véritable amour, il n'y a pas de place pour la crainte, car l'amour vrai chasse toute trace de crainte. En effet, la crainte suppose l'idée d'une culpabilité et la perspective d'un châtiment. Celui qui vit dans la peur (Jugement) montre par-là que l'amour n'a pas atteint en lui son parfait développement.*

Quant à nous, nous aimons parce que Dieu nous a aimés le premier. **Parole Vivante**.

Ce sont des homme et femme selon le cœur du Père. Pour lesquels, IL se vante, se glorifie, met toute Sa confiance.

Job 1 : 6-*8* *Or un jour que les anges de Dieu venaient faire leur rapport au Seigneur, le Satan, l'accusateur, se présenta parmi eux, lui aussi.*

Le Seigneur lui demanda : ***D'où viens-tu donc ?*** *L'accusateur répondit au Seigneur :* ***Je viens de faire un tour sur Terre****.*

Tu as sûrement remarqué mon serviteur Job, dit le Seigneur. Il n'a pas son pareil sur Terre. **Français Courant**.

Ezéchiel 14 :12-*16 La Parole de l'Eternel me fut adressée, en ces mots :*

Fils de l'homme, si un pays péchait contre Moi en se livrant à l'infidélité, et si J'étendais Ma main sur lui, -et si Je brisai pour lui le bâton du pain, si je lui envoyais la famine, si j'exterminais les hommes et les bêtes.

Et qu'il y ait au milieu de lui ces trois hommes, Noé, Daniel et Job, ils sauveraient leur âme par leur justice dit le Seigneur, Eternel.

Si Je faisais parcourir le pays par des bêtes féroces qui le dépeupleraient, s'il devenait un désert où personne ne passerait à cause de ces bêtes,

Et qu'il y ait au milieu de lui ces trois hommes, Je suis vivant ! dit le Seigneur, l'Eternel, ils ne sauveraient ni fils ni filles, eux seuls seraient sauvés, et le pays deviendrait un désert. **Scofield.**

Nombres 12 :1-8 *Marie et Aaron parlèrent contre Moise au sujet de la femme éthiopienne qu'il avait prise, car il avait pris une femme éthiopienne.*

Ils dirent : est-ce seulement par Moise que l'Eternel parle ? N'est-ce pas aussi par nous qu'IL parle ?

Et l'Eternel l'entendit. Or, Moise était un homme fort patient, plus qu'aucun homme sur la face de la Terre.

Soudain l'Eternel dit à Moise, à Aaron et à Marie : Allez, vous trois, à la tente d'assignation. Et ils y allèrent tous les trois.

L'Eternel descendit dans la colonne de nuée, et IL se tint à l'entrée de la tente. IL appela Aaron et Marie, qui s'avancèrent tous les deux.

Et IL dit : Ecoutez bien Mes paroles ! Lorsqu'il y aura parmi vous un prophète, c'est dans une vision que Moi, l'Eternel, Je Me révélerai à lui, c'est dans un songe que Je lui parlerai.

Il n'en est pas ainsi de Mon serviteur Moise, il est fidèle dans toute Ma Maison.

Je lui parle bouche à bouche, Je Me révèle à lui sans énigmes, et il voit une représentation de l'Eternel. Pourquoi donc n'avez-vous pas craint de parler contre Mon serviteur, contre Moise ? **Scofield.**

Mathieu 3 :16-17 *Dès que Jésus eut été baptisé, au moment où IL sortit de l'eau, les Cieux s'ouvrirent et il vit l'Esprit descendre sous la forme d'une colombe et s'arrêter sur Lui.*

En même temps, une voix retentit du Ciel disant : Voici Mon Fils bien-aimé, Celui qui fait toute Ma joie. **Parole Vivante**.

Note : à qui j'accorde toute Ma faveur, sur qui Je porte Mon affection, en Qui Je prends plaisir, en Qui J'ai mis tout Mon amour, toute Ma joie, J'ai placé ma bienveillance, Qui est l'objet de ma prédilection, Celui qu'il M'a plu de choisir, avec lequel Je suis Un. **Parole Vivante**.

La grâce est que l'accès au Lieu Très Saint n'est pas uniquement le privilège des Ministres de la Parole. Mais, tous les frères et sœurs dans la foi peuvent être éligibles. Pourvu seulement qu'ils remplissent les conditions d'accès. Evidemment, le Satan ne se laissera pas facilement défaire.

Marc 10 : 35-38 *Alors Jacques et Jean, Fils de Zébédée, s'approchèrent de Lui et Lui disent :*

Maître, nous avons une demande à T'adresser et nous voudrions que Tu nous l'accorde – quelle qu'elle soit.

Et que voulez-vous que Je fasse pour vous ? Leur répondit-IL.

Promets-nous qu'au jour de Ton triomphe dans Ton Royaume glorieux nous siégerons l'un à Ta droite, l'autre à Ta gauche.

Mais Jésus leur dit :

-Vous ne vous rendez pas compte de ce que vous demandez ! Est-ce que vous êtes capables de boire la coupe (de douleur) que Je dois boire, ou de passer par le baptême (de souffrance) que J'aurai à subir ? **Parole Vivante**.

Ainsi, nous pouvons étudier avec aisance l'Adoration. Etant donné que nous avons pu voir cette partie qui, était indispensable pour la suite.

Vive le Règne de Jésus-Christ ! Vive Yehoshoua Mashiah !

ADORER QU'EST-CE QUE C'EST ?

ADORER COMME MODE DE VIE

Adorer c'est préféré plus que tous la Présence glorieuse de Jésus. C'est l'estimé au-delà de toutes les choses qui existent ; soit parents, amis, enfants, biens matériels, travail etc... C'est de faire de Jésus la raison et le sens de son existence sur la Terre, l'Objet de ses délices, son Aspiration.

J'adore Jésus, par ma vie signifie que mon attention est toujours portée sur Lui, au-delà des diverses occupations quotidiennes. Car, je l'aime plus que tout. Car, si vous n'êtes pas inscrits dans ce registre, c'est que vous n'êtes pas encore dans l'Adoration véritable.

Jean 4 :23 (b) Car c*e sont là les adorateurs que le Père demande*. **Scofield**.

Cant 1 :2(b) -4 *Car Ton amour vaut mieux que le vin,* **Scofield.**

Psaumes 122 : 1 *Je suis dans la joie quand on me dit : Allons à la Maison de l'Eternel* **Louis Segond.**

ADORER PAR LE CHANT

Adorer par le chant c'est être coupé de tout ce qui est extérieur à nous ; à notre personne. Et être conscient de Sa Présence ; de ce que, nous nous trouvons en face de Jésus, pour aucun autre sujet que celui de chanter l'expression de l'amour que notre cœur Lui porte.

C'est vouloir d'avantage qu'IL nous remplisse de Lui. C'est désiré que ces instants restent inchangés. Un rencart avec Son amoureux quoi !

Adorer est naturel, comme une respiration. J'adore sans trop d'effort car, c'est avant tout un mode de vie. Aussi vrai que je respire et que je ne fournis pas un effort remarquable, que d'autres constateraient sauf évidemment si je me mettais à courir, Adorer revient donc à faire ce que je sais faire. Pas besoin de s'époumoner. Non, c'est naturel.

INTIMITE

J'aime ma proposé ; la sœur avec laquelle, je me propose avec la volonté de Jésus de marier. Devant elle, je sais ce que je devrais faire pour qu'elle soit heureuse d'être en ma compagnie.

- Je lui accorde de mon temps, de mon attention.
- Je fais toujours ce plus que d'autres ne feraient pas pour elle.
- Je veux toujours qu'elle réussisse, qu'elle soit heureuse.
- Combler ces manquements en me portant garant de faire ce qu'elle ne peut faire.

Je suis à son service volontairement, avec un cœur plein d'amour ; d'un amour agapé.

De ce fait,

- J'ai libre accès à toutes les zones interdites à d'autres dans son cœur.
- Je jouis de tous les privilèges qui reposent sur notre intimité.
- Je veille toujours à ne pas la blesser, la frustrer ou l'attrister. Car, je connais ses réactions ; ce qu'elle penserait devant telle ou telle situation.

Disons que nous sommes intimes à cause de ce que, je ne suis pas seul à vouloir agir de cette manière. Mais qu'il y a une réponse dans la même direction, de l'action que je pose vis-à-vis d'elle.

Donc,

Si nous recadrons avec le sujet présenté, Adorer Jésus, revient à agir naturellement selon l'intimité que j'ai avec Jésus, sans artifice, sans forcer.

- Je passe du temps avec Lui.
- J'apprends à Le connaître.
- Je me dispose toujours à faire ce plus que d'autres ne feraient peut-être pas pour Lui, lorsqu'IL me le demande.
- Je suis à Son service, d'un cœur ouvert et plein d'amour.
- J'ai libre accès à toutes les zones interdites à d'autres dans Son cœur.
- Je jouis des privilèges, qui reposent sur notre intimité.
- Je veille à ne pas Le blesser.

Et, je réponds à Son amour envers moi.

Car, pour L'adorer véritablement, il faut au préalable Le connaître.

Jean 4 : 22 *De toute façon, vous adorez un Dieu que vous ne connaissez pas ; tandis que nous nous adorons le Dieu que nous connaissons.* **Parole Vivante**.

Adorer Jésus par le chant, n'est pas un temps de distraction, où l'on souhaite faire passer le temps en attendant le Prédicateur, pour nous libérer l'Evangile. Un temps de retrouvaille entre copains pour tester nos voix et se concurrencer. C'est un moment aussi important, que le message d'Evangile qui sera libéré.

Ma petite sœur de dire que Dieu mange l'Adoration, IL mange par le nez, et IL bénit par la bouche. Or, l'Adoration est un parfum d'une très grande valeur lorsqu'elle répond aux exigences du Royaume des Cieux. Donc, ne privons pas le Père, le Seigneur Jésus de Son repas.

Genèse 8 : 20-21 *Noé bâtit un autel qu'il consacra au Seigneur. Parmi les grands animaux et les oiseaux, il prit une bête de chaque espèce considérée comme pure et les offrit au Seigneur sur l'autel en sacrifice entièrement consumé par le feu.*

Le Seigneur respira l'odeur apaisante de ce sacrifice et IL Se dit : Désormais Je renonce à maudire le sol à cause des êtres humains. C'est vrai, dès leur jeunesse ils n'ont au cœur que de mauvais penchants. Mais Je renonce désormais à détruire tout ce qui vit comme Je viens de le faire. **Français Courant**.

Un parfum d'adoration, à assez de puissance pour incliner le cœur du Père, en notre faveur que soixante jours de jeûne et prière.

2 Rois 3 : 13-*15* *Elisée dit au roi d'Israël : Qu'y a-t-il entre moi et toi ? Va vers les prophètes de ta mère. Et le roi d'Israël lui dit : Non ! Car l'Eternel a appelé ces trois rois pour les livrer entre les mains de Moab.*

Elisé dit : l'Eternel des armées, dont je suis le serviteur, est vivant ! Si je n'avais égard à Josaphat, roi de Juda, je ne ferais aucune attention à toi et je ne te regarderais pas.

Maintenant, amenez-moi un joueur de harpe. Et comme le joueur de harpe jouait, la Main de l'Eternel fut sur Elisé. **Louis Segond**.

RECAPITULATIF

Revenons sur la représentation du Temple. Les parvis sont ouverts à tous ; aussi bien aux enfants du Royaume des Cieux qu'aux enfants de ce monde.

Mathieu 5 : 45(b) *Car IL (Votre Père) fait lever Son soleil sur les méchants et sur les bons, et IL fait pleuvoir sur les justes et sur les injustes.* **Louis Segond**.

Donc, au sortir d'une action du Père, les citoyens du Royaume des Cieux tout comme, les enfants de ce monde, peuvent Lui rendent grâce ou Lui dire merci. Et même chanter un cantique de louange. Mais pourtant, ne pas être nécessairement de vrais adorateurs.

L'accès au Lieu Saint n'est réservé qu'à ceux qui ont une vie de discipline. Et qui progresse dans cette discipline du Saint-Esprit.

Jean 14 : 15 *(De votre côté), si réellement vous M'aimez, vous appliquerez à suivre Mes instructions* **Parole Vivante**.

Le Lieu Très Saint, n'est réservé qu'à ceux qui sont rentrés dans l'intimité avec le Père, Jésus et le Saint-Esprit.

Psaumes 25 :14 *L'amitié de l'Eternel est pour ceux qui le craignent.* **Louis Segond.**

Mais aussi, qui sont passés par un feu très violent pour en ressortir de l'or pur. C'est avoir bu la coupe de souffrance du Seigneur Jésus, la communion de Ses souffrances. Et, c'est le fait d'avoir bu cette coupe de souffrance et d'être sorti de l'or pur qui, nous vaut l'amitié du Père, de Jésus, du Saint-Esprit. Et, l'accès au Lieu Très Saint.

1 Corinthiens 3 : 12-14 *Mais tout dépend du matériau employé pour la superstructure : si quelqu'un bâtit sur ce fondement avec de l'or, de l'argent, des pierres précieuses ou s'il utilise du bois, du chaume ou du torchis de paille, cela se verra clairement un jour.*

En effet, la nature de chaque ouvrage paraîtra à la pleine lumière et le travail de chacun sera estimé à sa juste valeur.

Le jour du Seigneur mettra en évidence ce que chacun aura construit. Car, il apparaîtra comme un brasier ardent : le feu éprouvera la valeur du travail de chaque chrétien et en manifestera la nature. **Parole Vivante**.

ADORATEUR OU CHANTRE

Un adorateur n'est pas, nécessairement un chantre. Mais un chantre, doit-être nécessairement un adorateur. Louer Jésus, ou L'adorer ne se fait pas nécessairement par le chant.

Chantre suppose un appel bien précis, dans le domaine de la Louange et de l'Adoration par le chant. C'est-à-dire servir Jésus au-travers du chant (Cantique).

Le **Psaumes 100 : 4 (a)** *Entrez dans Ses portes avec des louanges. Dans Ses parvis avec des cantiques.* **Scofield**.

Pour nuancer, la Louange étant des paroles qui exaltent, célèbrent, glorifient Jésus. Elle rend témoignage de Sa grandeur, Sa Force, Sa toute-puissance etc…

Tandis que, les cantiques étant le fait d'avoir mis ces expériences du quotidien dans un air chanté (mélodieux).

Jésus de dire, dans le livre de

Jean 4 : 23 *Mais l'heure vient, et elle est déjà venu, où les vrais adorateurs adoreront le Père en esprit et en vérité ; car ce sont là les adorateurs que le Père demande.* **Scofield**.

Que signifie donc adorer en vérité ? (Cantique)

Adorer en vérité signifie, chanter un ou des cantiques en adéquation avec sa vie. C'est-à-dire, chanter des choses que l'on a vécues, que l'on vit ou auquel on aspire. Cela signifie chanter sur des sujets pour lesquels on a connaissance, une idée véritable (expérience) ou auxquels on aspire.

Car,

Jean 19 :35 *Celui qui rapporte ces faits, les a lui-même vu de ses yeux et son témoignage est digne de foi. Il a conscience d'être le porte-parole de la Vérité pour que, vous aussi, vous parveniez à la foi.* **Parole Vivante**.

Etant donné que ce livre s'adresse principalement aux chantres, nous développerons les aspects tournés vers ce ministère. Quoique, tout enfant de Dieu pourrait bénéficier des bienfaits de cet œuvre.

QUI SE TIENDRA SUR LA SAINTE MONTAGNE DE L'ETERNEL ?

Romains 12 :1 *Frères et sœurs chrétiens, Dieu est plein de bonté pour nous. Alors, je vous demande ceci : offrez-Lui votre personne et votre vie. C'est le sacrifice réservé à Dieu et qui Lui plaît. Voilà le vrai culte que vous devez Lui rendre* **Parole de Vie**.

Romains 12 :1 *Je vous demande donc, frères, à cause de la bonté que Dieu vous a témoignée, de Lui consacrer votre être tout entier : que votre corps, vos forces et toutes vos facultés soient mis à Sa disposition comme une offrande vivante, sainte et qui plaise à Dieu. C'est là le culte spirituel qui a un sens, un culte logique, conforme à ce que la raison vous demande.* **Parole Vivante**.

Ephésien 5 : 1-6 *Comme des enfants imitant leur Père, vous de même, enfants bien-aimés de Dieu, suivez en tous points son exemple.*

Que votre vie soit régie par l'amour. Agissez comme le Christ, qui vous a tant aimés qu'IL S'est offert en sacrifice (à Dieu) pour vous, comme une véritable offrande dont le parfum plaît à Dieu.

Quant à l'immoralité sous toutes ses formes, à l'escroquerie et aux différents vices, qu'il n'en soit même pas question entre vous. Ce ne sont pas des sujets de conversation pour des gens qui appartiennent à Dieu.

Finis les propos indécents, les histoires grivoises et les bons mots équivoques. Tout cela n'a plus sa place parmi des chrétiens. Entretenez-vous plutôt de tout ce que vous devez à Dieu et encouragez-vous à la reconnaissance et à la Louange.

Car, sachez-le bien : ni vicieux, ni indécent, ni avare qui idolâtre son argent, ne saurait prétendre à un héritage dans le Royaume du Christ et de Dieu.

Ne vous laissez pas égarer sur ce point par les arguments spécieux – Si plausibles soient-ils- de ceux qui veulent s'excuser de ces péchés. Car ce sont précisément ces désordres qui attirent la colère de Dieu sur ceux qui refusent de Lui obéir. **Parole Vivante**.

Ephésiens 4 : 8 *... mes frères, que tout ce qu'il y a de vrai, de noble, d'honorable, ce qui a une réelle valeur et qui est juste, pur et digne d'être aimé occupe vos pensées. Tendez vers tout ce qui s'appelle vertu et qui mérite la louange.* **Parole Vivante**.

Psaumes 24 : 3-6 *Qui sera admis à gravir la montagne du Seigneur et à se tenir dans Son Saint Temple ?*

Ceux qui ont gardé mains nettes et cœur pur qui ne se sont pas attirés vers le mensonge et non pas fait de faux serments.

Ils recevront la bénédiction du Seigneur et l'approbation de leur Dieu, le Sauveur.

Voilà les vrais fidèles du Seigneur, ceux qui se tournent vers Dieu, voilà le vrai Jacob. **Bible Français Courant 1997**.

Jean 1 : 47 *Jésus voit Nathanaël s'avancer vers Lui. Alors IL dit voilà un véritable israélite, un homme sans arrière-pensées.* **Parole Vivante**.

Note : Un juste, un homme droit, honnête, vertueux, correct dans ses relations avec les autres, loyal citoyen, un homme d'honneur et de principes du point de vue de Dieu. **Parole Vivante**.

MINISTERE DE CHANTRE

Etre chantre est un appel au ministère. Appel, à servir Jésus dans le domaine de la Louange et de l'Adoration au travers des cantiques (Chants).

De rappeler à la Création qui est Dieu, Quels sont Ses exploits dans nos vies. Rappeler Sa fidélité, Ses bontés, Sa bienveillance … Pour ce qui est de la Louange ; comme pour L'introduire en scène.

Psaumes 24 : 7-10 *Portes, relevez vos linteaux ; haussez-vous, portails éternels, pour que le grand Roi fasse Son entrée !*

Qui est ce grand Roi ? C'est le Seigneur, le puissant Héros, le Seigneur, le Héros des combats.

Portes, relevez vos linteaux ; haussez-vous portails éternels, pour que le grand Roi fasse Son entrée !

Qui est donc Ce grand Roi ? C'est le Seigneur de l'univers, C'est Lui le grand Roi. **Bible en Français Courant 1997**.

L'introduire en scène, de révéler le secret de nos réussites et victoires : Jésus-Christ de Nazareth.

Actes 4 : 12 *En Lui seul – et en aucun autre se trouve le Salut. Dans le monde entier, parmi tous les noms donnés aux hommes, il n'en existe aucun autre par lequel nous puissions être sauvés.* **Parole Vivante**.

Tandis que comme, on l'expliquait plus haut l'Adoration consiste à faire abstraction de toutes choses : réussite ou échec. Et de seulement, ou simplement s'intéresser et fixer les regards sur Jésus (Yehoshua Ha Mashia). En réalisant Son grand amour pour nous et s'adonner à Lui.

1 Jean 3 : 1 *Voyez combien le Père nous a aimés ! Son amour est tel que nous sommes appelés enfants de Dieu, et c'est ce que nous sommes réellement ...* **Bible en Français Courant 1997**.

2 Corinthiens 5 : 8(b)-9 *Si nous avions à choisir, nous préférerions même quitter ce corps pour aller rejoindre notre vraie patrie auprès du Seigneur.*

Ainsi donc, que nous devions rester dans ce corps ou le quitter, notre seule ambition est de plaire au Seigneur. **Parole Vivante**.

Mais cet état, ou expression de cœur nous la traduisons par des cantiques dit, cantiques d'Adoration.

Le Ministère de chantre, consiste donc pour le chantre à avoir avant tout :

Une communion avec le Seigneur Jésus.

D'exposer ou partager cette communion, ou intimité avec tous ceux qui se trouveraient près de Nous (Jésus et le Chantre), au travers des chants.

COMMUNION.

2 Corinthiens 13 :13 *Que la grâce du Seigneur Jésus-Christ, l'amour de Dieu et la communion du Saint-Esprit soient avec tous.* **Français Courant**.

Qu'est-ce donc la Communion ?

La communion est ce qui m'unit, me lie, me joint et m'allie à Jésus dans notre cas.

Je suis uni à Jésus par le Saint-Esprit. En effet, le Saint-Esprit est le sceau de mon appartenance à Jésus. La preuve que je suis connu du Père, de Jésus, et dans le Royaume des Cieux ; comme étant racheté et enfant de Dieu, fils ou serviteur selon le statut de tout un chacun.

2 Corinthiens 1 : 21-22 *Or, si vous et moi nous appartenons au Christ, si nous sommes fermement ancrés dans la communion avec Lui, si nous avons été consacré à Son service par l'onction, c'est à Dieu que nous le devons.*

C'est Lui aussi qui nous a marqués de Son Sceau, nous reconnaissant comme Sa propriété, et qui a fait habiter dans nos cœurs Son Esprit comme gage des biens avenir. **Parole Vivante**.

Nous voulons, considérer cela comme un acquis ; selon qu'il est écrit

Romains 8 : 9 *...Vous vivez sous le contrôle de l'Esprit de Dieu, vous suivez ses injonctions, si du moins IL a fait Sa demeure en vous. Evidemment, si quelqu'un n'a pas l'Esprit de Christ en lui, il ne fait pas partie des Siens, ce n'est pas un vrai chrétien.* **Parole Vivante**.

1 Corinthiens 12 : 3 *(Mais à présent, devant les messages inspirés, vous vous demandez s'ils émanent tous de l'Esprit de Dieu). C'est pourquoi je voudrais vous donner un bon critère : si un homme disait : Maudit soit Jésus, il ne saurait, en aucun cas, parler sous l'inspiration de l'Esprit de Dieu. Si, par contre, quelqu'un confesse : Jésus est le Seigneur, C'est l'Esprit-Saint qui l'y pousse.* **Parole Vivante**.

Et nous attarder, sur un autre point de la Communion aussi important que le précédent, à savoir : **La relation d'amitié**.

La relation d'amitié.

Hébreux 11 : 6 *Or, personne ne peut plaire à Dieu sans la foi. En effet, celui qui s'approche de Dieu doit croire que Dieu existe et qu'IL récompense ceux qui Le cherchent.* **Français Courant**.

Regarder autour de vous, que voyez-vous vos enfants, votre mari, votre femme, vos parents, vos frères, des êtres vivants. Dieu le Père existe, Jésus existe, le Saint-Esprit existe. Jésus n'a pas existé, IL existe.

Jean 8 : 53-58 *Serais-Tu par hasard plus grand que notre père Abraham, qui a dû mourir – ou que les prophètes qui sont tous morts ? Pour qui Te prends-Tu donc ?*

Jésus répondit :

Si Je M'attribuais Moi-même de la gloire, cela n'aurait aucune valeur et Ma gloire ne serait que néant. Celui qui Me glorifie, C'est Mon Père, Celui-là même que vous appelez votre Dieu.

En fait, vous n'en avez aucune notion, alors que Moi, Je Le connais parfaitement. Si Je disais ne pas Le connaître, Je vous ressemblerais : Je serais menteur, comme vous. Mais le fait est que Je Le connais et que Je garde Son enseignement.

Abraham votre père exulta de joie, rien qu'à la pensée de Me voir venir sur cette Terre. Il espérait vivre ce jour. Il l'a entrevu et il en fut transporté de joie.

Quoi, lui dirent-ils alors, Tu n'as même pas cinquante ans et Tu prétends avoir vu Abraham !

Vraiment, Je vous l'assure, leur répondit Jésus, avant qu'Abraham soit venu à l'existence, Moi, JE SUIS. **Parole Vivante**.

En vérité toutes les choses qui existent ont été créées, c'est par abus de langage que l'on utilise le mot existé pour Dieu. Dieu est de toute éternité. IL est.

Exode 3 : 13-14 *Bien ! Dit Moise. Je vais donc aller trouver les israélites et leur dire : le Dieu de vos ancêtres m'envoie vers vous. Mais ils me demanderont Ton Nom. Que leur répondrai-je ?*

Dieu déclara à Moise : ***JE SUIS QUI JE SUIS****. Voici donc ce que tu diras aux israélites :* ***JE SUIS*** *m'a envoyé vers vous.* **Français Courant**.

Où est-ce que je veux en venir ?

De la même manière que tu arrives à dialoguer avec tes enfants, tes parents, tes frères, ton conjoint ou ta conjointe etc… il est possible de dialoguer avec Jésus. Il est possible de tisser une amitié très grande avec Lui. Tout cela dépendra d'un seul fait : que tu réalises qu'IL est vivant tout comme toi.

Chacun de nous avons déjà eu un meilleur ami. Une personne que nous estimons plus que toutes les autres dans notre cœur ; une personne que nous estimons, plus importante que nos frères de sang, plus importante certaine fois que nos parents. Pour qui nous sommes toujours près, à intervenir si elle devait nous solliciter.

Proverbe 17 : 17 *L'ami aime en tout temps. Et dans le malheur il se montre un frère.* **Louis Segond**.

Vous remarquerez que vous n'avez pas eu de difficulté à vous lier d'amitié tous les deux. Et vous partagez tous ensemble ; secrets, joie, argent, temps, cadeau, rires, pleurs.

Par analogie, vous devez ainsi, progresser dans votre communion avec le Seigneur Jésus, le Saint-Esprit (Ruach Hakkadosh). C'est le fait que vous progressiez dans votre communion, qui permettra une effusion du Saint-Esprit toujours de plus en plus grande dans votre Ministère.

Ephésien 4 : 5-7 *Il n'y a qu'un seul Seigneur, une seule foi, un seul baptême,*

Un seul Dieu et Père de tous qui règne sur tous, agit par tous et habite en tous.

Naturellement, cette unité n'exclut pas la diversité, chacun de nous a son don particulier, celui que la grâce du Christ a décidé de lui accorder selon Sa richesse, ***suivant la mesure où le Christ est devenu une réalité en lui*** *et selon la part qu'IL lui donne dans Son œuvre.* **Parole Vivante**.

J'entends communément dire dans l'Eglise qu'il n'y a pas de vie dans ce que vous faîtes. Sachant que, la Vie c'est Jésus.

Jean 14 :6(a) *Jésus lui répondit : Je suis le Chemin, la Vérité et la Vie.* **Français Courant**.

Que traduit donc, une telle plainte, si ce n'est le fait que votre communion est encore trop faible, voire négligée de la part de certains d'entre vous pour que Jésus (Saint-Esprit) S'identifie à vous.

Car, il faut que je vous révèle cette vérité. C'est que, si Jésus est dans votre cœur cette Perle de Prix et que pour Lui, vous avez vendu tous ce qui en vous discutaient cette première place dans votre cœur ; alors, vous êtes sûr d'une chose : c'est qu'IL vous honorera. Et honorera, le service que vous faîtes en Son Nom, pour Sa gloire.

Mathieu 13 : 45-46 *Le Règne des Cieux ressemble encore à un marchand qui chercherait de belles perles ;*

Quand il en a trouvé une de grande valeur, il s'en va vendre tout ce qu'il possède et achète cette Perle Précieuse. **Parole Vivante**.

Le seul problème est que, beaucoup d'entre nous avons peur, de faire ce pas de foi. Car, on s'imagine mal abandonné tous ce qui nous est chères.

Lorsque nous lisons le livre de

Luc 14 : 26 *Si quelqu'un vient à Moi et n'est pas prêt à renoncer à son père, sa mère, sa femme, ses enfants, ses frères, ses sœurs, et jusqu'à lui-même, il ne peut être Mon disciple.* **Parole Vivante**.

Si nous traduisons ce passage, il signifie simplement que si nous devrions choisir entre Jésus et toute cette liste, nous choisirions sans regret Jésus.

En réalité, dans tout ceci le Saint-Esprit nous aidera toujours. IL nous dira quand est-ce nous occuper de telle chose et quand est-ce que nous consacrer pour telle autre chose ; selon, le calendrier Divin. Je ne dis pas qu'IL ne puisse pas nous demander de faire un choix qui nous coute, mais que voulez-vous. C'est le Seigneur. **Cf 1 Samuel 3 :10-18**. C'était une parenthèse.

Donc, nous qui considérons Jésus comme la Perle de Prix de nos cœurs, Sa nature divine nous envahit pleinement.

2 Corinthiens 3 :18 *Nous tous qui, le visage découvert, contemplons comme dans un miroir la gloire du Seigneur, nous sommes transformés en la même image, de gloire en gloire, comme par le Seigneur, l'Esprit.* **Louis Segond**.

Exode 34 :29 *Moise redescendit du Mont Sinaï, en tenant les deux tablettes de pierre qui constituaient le document de l'Alliance ; il ignorait que la peau de son visage brillait à cause de son entretien avec Dieu.* **Français Courant**.

Et comme Sa nature, nous envahit, le Père est alors obligé de marquer une différence, avec le service d'autres frères et sœurs qui n'ont pas la même attitude de cœur que nous.

Malachie 3 : 18 *Et vous verrez de nouveau la différence entre le juste et le méchant, entre celui qui sert Dieu et celui qui ne le sert pas.* **Louis Segond**.

EN RESUME

Le Ministère de chantre ne peut se faire, sans la communion du Saint-Esprit. Sans une véritable amitié avec Jésus.

Jean 15 :15 *Je ne vous appelle plus serviteurs, parce qu'un serviteur n'est pas dans le secret des intentions de son maître. Je viens de vous appeler Mes amis, parce que Je vous ai fait part de tout ce que J'ai appris de Mon Père.* **Parole Vivante**.

APPEL AU MINISTERE DE CHANTRE

L'Appel au Ministère de Chantre diffère d'un chantre à un autre. Il est important de le comprendre très tôt pour ne pas faire une fausse course.

En réalité l'Appel poursuivra toujours un objectif. Et, l'objectif tracera le chemin devant vous ; la course que vous devriez mener.

- Certains auront comme objectif la jeunesse. En effet, ils auront comme fardeau à ce que les jeunes frères et sœurs se passionnent dans la Louange à Jésus.
- D'autres auront comme objectifs, celui des âmes perdues. Pour atteindre cet objectif, ils chanteront plus des cantiques à caractère évangélique.
- D'autres encore, auront pour mission de faire descendre la gloire de Jésus, sur la Terre en le rendant célèbre par les cantiques qui ne visent que cet objectif.

En un mot les appels sont multiples.

Au-delà, de la vie d'adoration de tout un chacun, il ne faudra pas négliger le fait que la manifestation du Saint-Esprit est dépendante de ce que nous soyons bien situés dans notre couloir.

En effet,

Psaumes 127 :1(a) *Si l'Eternel ne bâtit la Maison, ceux qui la bâtissent travaillent en vain ;* **Louis Segond**.

L'objectif final, étant d'être accueilli dans le Ciel par Jésus et de recevoir par la suite la récompense liée à notre service sur la Terre. Mais, en réalité le service de chantre fait abstraction dessus. Afin de ne pas être encombré, par des choses qui viendraient faire écran à notre amour inconditionnel, pour notre Seigneur Jésus.

Donc, dans tout ceci, la découverte de notre appel est très importante. Car, nous ne pouvons, avoir fait la volonté de Jésus que parce que nous la connaissons. Et, l'appel de chacun doit être clair dans ce domaine.

1 Corinthiens 9 : 26(a) *Moi donc, je cours, non pas comme à l'aventure, je frappe, non pas comme battant l'air.* **Louis Segond**.

Il faudrait que nous soyons de ceux qui à la porte de leur départ de la Terre, puisse dire sans faute de se tromper que :

Jean 19 :30 *Quand Jésus eut pris le vinaigre, IL dit : Tout est accompli. Et, baissant la tête, IL rendit l'esprit.* **Louis Segond**.

De même que Paul,

2 Timothée 4 : 6-7 *Car en ce qui me concerne, je suis bien près du sacrifice de ma vie. Le moment du grand départ approche.*

J'ai combattu jusqu'au bout le bon combat. J'ai achevé ma course. Je suis resté fidèle à ma foi.

La couronne de la victoire, c'est-à-dire la justice parfaite et éternelle, est déjà préparée pour moi, il ne me reste plus qu'à la recevoir. Le Seigneur, le juste Juge, me la remettra au jour du jugement. Ce n'est pas à moi seul qu'IL la donnera, mais à tous ceux qui auront porté dans leur cœur l'attente joyeuse de Son avènement. **Parole Vivante**.

NB : L'Appel en tant que musicien, est à considérer comme faisant partie du Ministère de chantre. Je voulais seulement brosser sur la spécificité, afin que ceux qui sont au service sachent avec certitude, ce que Jésus veut accomplir par leur canal.

Que tous ceux qui, jouent d'un instrument, ou encore exercent en tant que maître de cœur, ingénieur en son etc… ne doivent pas se sentir lésés. Tous vous êtes considérés comme faisant partie, du même département. Et, c'est à vous tous que s'adresse principalement ce livre.

MINISTRE DU CULTE DE LOUANGE ET ADORATION DANS L'EGLISE LOCALE

Le Ministre est le choix propre de Jésus. Cela n'est pas négociable. C'est celui qui porte la grâce et l'onction pour exercer.

J'ai débuté avec le mot grâce puis, l'onction. Il n'est pas question de chanté, mais il est question de réjouir le cœur du Seigneur, qu'IL soit avec Son ami.

Jean 15 : 15 *Je ne vous appelle plus serviteurs parce qu'un serviteur n'est pas dans le secret de son maître. Je viens de vous appeler Mes amis, parce que Je vous ai fait part de tout ce que J'ai appris de Mon Père.* **Parole Vivante**.

Le ministre de la louange et de l'adoration est toujours le bienvenu dans la Présence de Jésus. Il sait ce qui est dans le cœur de Jésus. Et, peut donc Lui parler cœur à cœur par le chant. Et, ces chants inclineront le cœur de Jésus en faveur de ….

Proverbes 14 :10 *Le cœur connaît ses propres chagrins, Et un étranger ne saurait partager sa joie.* **Louis Segond**.

Il peut donc aussi, ouvrir des portes fermées par ces chants. Car, lorsqu'il chante, le Ciel s'ouvre en ce lieu, pour recueillir les parfums qui montent de ce lieu.

Psaumes 133 : 1-3 *Voici, oh ! Qu'il est agréable, qu'il est doux pour des frères de demeurer ensemble !*

C'est comme l'huile précieuse qui répandu sur la tête, descend sur la barbe, sur la barbe d'Aaron. Qui descend sur le bord de ses vêtements.

C'est comme la rosée de l'Hermon, qui descend sur les montagnes de Sion ; car, c'est là que l'Eternel envoie la bénédiction, la vie, pour l'éternité. **Louis Segond**.

Donc, le Ministre fera profiter à ces invités des privilèges de Son amitié avec Jésus le grand Roi !

Mathieu 9 : ***15*** *Et Jésus leur répondit : Pensez-vous que les invités d'une noce peuvent être tristes pendant que le marié est avec eux ? Bien sûr que non !* **Français Courant 1997**.

En d'autres termes, ils seront plus rassurés (les invités) si vous placez en avant le Ministre pour la direction du culte d'adoration.

Si vous l'avez trouvé, associez-le à la direction du service, l'organisation du département chantre et ses activités. Si je le dis, c'est parce que plusieurs sont complexé, lorsqu'ils se rendent compte que la grâce de Jésus repose sur un frère et non pas sur eux. Et, au lieu d'en jouir en l'associant, il le combatte pour l'éteindre.

Ce n'est pas une pas une option, la grâce de changer, de transformer, d'affermir, de consoler, de bénir, même de délivrer est sur sa vie. C'est pourquoi, il doit être positionné à sa place pour que le reste de l'édifice trouve leur sens dans le département.

Ainsi donc, qu'il soit jeune, votre enfant (avoir l'âge de votre enfant), il n'en demeure pas moins le choix de Jésus. Le refuser, c'est refusé la Volonté de Jésus. Donc, si vous l'avez repéré associer-le aux activités du département. Excusez-moi d'ouvrir cette parenthèse, j'ai tellement vu des hors la loi spirituel, dans l'Eglise, qui n'entende même plus la voix de Jésus. Et qui s'organise, insiste, persiste à s'opposer à la volonté de notre Seigneur Jésus.

Job 32 : 6-10 *Elihou, fils de Barakel, de la tribu de Bouz, déclara donc : Je suis encore jeune et vous êtes âgés. Voilà pourquoi, j'étais bien trop intimidé pour oser exposer devant vous mon savoir.*

Je me disais : C'est aux plus âgés de parler, c'est au gens d'âge mûr d'enseigner la sagesse !

En vérité, ce qui rend l'homme intelligent c'est l'Esprit, c'est l'inspiration du Dieu Très-grand.

Être sage, reconnaitre ce qui est juste n'est pas une exclusivité des gens âgées.

C'est pourquoi je vous demande de m'écouter moi aussi. **Français Courant 1997**.

Evidemment,

1 Samuel 16 :14-19 ; 21-23 *L'Esprit de l'Eternel se retira de Saül, qui fut agité par un mauvais esprit venant de l'Eternel.*

Les serviteurs de Saül lui dirent : voici, un mauvais esprit venant de Dieu t'agite.

Que notre seigneur parle ! Tes serviteurs sont devant toi. Ils chercheront un homme qui sache jouer de la harpe ; et quand le mauvais esprit venant de Dieu sera sur toi, il jouera de sa main et tu seras soulagé.

Saül répondit à ses serviteurs : trouvez-moi donc un homme qui joue bien et amenez-le moi.

L'un des serviteurs prit la parole et dit : Voici, j'ai vu un fils d'Isaï Bethlémite, qui sait jouer : c'est aussi un homme fort et vaillant, un guerrier parlant bien et d'une belle figure et ***l'Eternel est avec lui****.*

Saül envoya des messagers a Isaï pour lui dire : ***Envoie-moi David****, ton fils, qui est avec les brébis.*

David arriva auprès de Saül, et se présenta devant lui : il plut beaucoup à Saül, et il fut désigné pour porter ses armes.

Saül fut dire à Isaï : ***Je te prie de laisser David à mon service****, car il a trouvé grâce à mes yeux.*

Et lorsque le mauvais esprit venant de Dieu était sur Saül, David prenait la harpe et jouait de sa main ; Saül respirait alors plus à l'aise et se trouvait soulagé et le mauvais esprit se retirait de lui. **Scofield**

N'oubliez pas c'est le choix de Dieu, celui qu'il désire.

1 Samuel 16 : 1(b) *L'Eternel dit à Samuel… Va Je t'enverrai chez Isaï, Bethléhémite, car J'ai vu parmi ses fils celui que Je désire pour roi.* **Scofield.**

CANTIQUES

Cantiques Spirituels

Colosiens 3 : 16 *Que la Parole de Christ habite parmi vous abondamment ; instruisez-vous et exhortez-vous les uns les autres en toute sagesse, par des hymnes, par* ***des cantiques spirituels****, chantant à Dieu dans vos cœurs* ***sous l'inspiration*** *de la grâce.* **Louis Segond**.

Il est très important de parler de cantiques. Le Ministère de Chantre, l'utilise comme l'outil indispensable à leur service durant un culte. Aussi, le choix des cantiques durant un culte est primordial, de peur de passer à côté de son service.

Donc, nous essaierons de comprendre ce que l'on entend par cantiques spirituels.

Qu'est-ce donc qu'un cantique spirituel ?

Un cantique spirituel est un cantique, qui crée en vous la révérence vis-à-vis du Seigneur Jésus, par révérence en entend un profond respect, un amour, une passion, une fierté pour Jésus. Qui vous fait expérimenter parfois, selon les cantiques Sa consolation.

Et tous, cantiques spirituels a un cachet qui authentifie qu'il est bien un produit du Royaume des Cieux. Spirituellement, on arrive à le savoir grâce au don du discernement des esprits ou encore, par le témoignage intérieur de notre homme intérieur.

Ainsi donc, se mettre à chanter un cantique spirituel aura pour conséquence, de vivifier, fortifier, encourager, bénir le Peuple de Dieu. (Cela est expliqué plus en détails dans le livre ***Je veux Te louer***).

Jean 6 : 63 *C'est l'Esprit qui donne la vie, il ne s'agit pas de vous nourrir matériellement... Les paroles que Je vous dis sont de nature à communiquer l'Esprit et la vie.* **Parole Vivante**.

On ne devrait pas s'essayer à faire chanter au Peuple de Dieu, n'importe quel chant, sous prétexte que l'on parle de Jésus, ou que l'on dise Alléluia, ou encore Dieu. Comprenez bien le sens de mon propos. Si vous devez trier ou choisir des cantiques choisissez ce qui non seulement, rende témoignage de Jésus. Mais aussi, vous transporte dans la réalité de la foi. Pas dans une cour de récréation, ou chacun fait ce qui lui semble bon.

Ce qui rend un cantique spirituel, c'est la profondeur du Vase qui l'a composé. Par profondeur, on entend la maturité spirituelle du chantre qui l'a composé. Mais aussi, l'onction qui repose sur la vie de ce chantre donc, sur ce cantique. Et, chaque cantique porte, l'onction de son compositeur (son parfum), ce qu'il est spirituellement. Un homme spirituel, aura toujours une préférence pour un certains types de cantiques sur la base du parfum du compositeur du cantique.

Cela explique aisément, pourquoi pour recevoir certains prédicateurs, on soit obligé de changer le répertoire de cantiques chanté dans l'Eglise. Car, la plupart de ces cantiques, ne communiquent pas toujours la vie.

Pourquoi ?

1 Corinthiens 2 : 15-16 *Celui qui possède cet Esprit, par contre, est capable de tout comprendre et approfondir ; il sait apprécier les faits et les idées à leur juste valeur et peut se former un jugement équitable sur tout, tandis qu'il reste lui-même indépendant du jugement d'autrui.*

Qui donc connaîtrait la pensée du Seigneur pour prétendre pouvoir l'instruire ? Mais nous qui avons reçu l'Esprit du Seigneur, nous possédons la pensée même du Christ. **Parole Vivante**.

Indépendant du jugement d'autrui : C'est-à-dire de ceux qui ne sont pas spirituels. **Parole Vivante**.

SOUS L'INSPIRATION DE LA GRÂCE

Proverbes 15 : 23 *On éprouve de la joie à donner une réponse de sa bouche ; Et combien est agréable une parole dite à propos !* **Louis Segond**.

Proverbes 15 : 23 *Il est agréable de savoir bien répondre ; quel plaisir de dire la parole juste au moment voulu !* **Français Courant**.

Il est a rappelé que le Ministère de Chantre vise deux objectifs majeurs à savoir :

- Réjouir le cœur de Jésus.
- Rapprocher davantage le Peuple, du Seigneur Jésus, en communiant par des cantiques.

Il est question de rassasié chacun d'eux ; à la foi le Seigneur Jésus et le Peuple. Nous devons donc, nous rappeler ces paroles du Seigneur situé dans les livres de

Mathieu 11 : 28 *Venez à Moi, vous tous qui êtes fatigués et accablés, vous qui êtes déprimés, parce que vous ployez sous un fardeau trop lourd, et Je vous donnerai du repos.* **Parole Vivante**.

Et,

Mathieu 5 : 6 *Heureux ceux qui ont faim et soif de la justice, car ils seront rassasié.* **Louis Segond**.

Donc, les cantiques que nous chantons, doivent dégager assez de puissance pour atteindre cet objectif.

Comment cela est-il possible ?

Il vous faudrait alors être conduit par le Saint-Esprit. C'est Lui en effet, qui peut vous permettre d'atteindre ce double objectif : celui de plaire à Jésus, en sachant parler à Son cœur, par le chant. Et de répondre à la soif du cœur du Peuple.

1 Corinthiens 2 : 10-11 *Or, Dieu nous a révélé cette sagesse par Son Esprit ; l'Esprit, en effet, scrute tout, même les pensées profondes de Dieu.*

Qui peut savoir ce qui se passe dans un homme ? Ce qu'il pense en son for intérieur ? Personne, si ce n'est l'esprit de cet homme. De même, nul ne peut connaître ce qui est en Dieu (Ses pensées, Ses desseins), si ce n'est l'Esprit de Dieu. **Parole Vivante**.

Jean 15 : 5 *Je suis le Cep, vous êtes les sarments. Celui qui demeure en moi et en qui Je demeure porte beaucoup de fruit, car sans moi vous ne pouvez rien faire.* **Louis Segond**.

C'est ainsi que vous pourrez satisfaire aux exigences du passage de, **Colossiens 3 : 16** que nous venons d'étudier. Vous pourrez chanter dans vos cœurs sous l'inspiration de la grâce, des cantiques spirituels à Dieu notre Père et à Yeshua Ha Mashia.

LA DIRECTION DU CHANT PENDANT LE CULTE

La direction du chant sera, généralement dépendante de la saison par laquelle, passe l'église locale. Saison de joie, l'église locale doit louer, célébrer Jésus dans un esprit de joie. Et pour cela, les chantres entonneront, plus des cantiques de réjouissances.

Psaumes 78 : 4 *Nous voulons non pas cacher à nos enfants, mais répéter à la génération qui suit, les motifs qu'ils ont de louer le Seigneur, Sa puissance et les merveilles qu'IL a faîtes.* **Français Courant 1997**.

Psaumes 34 : 2-4 *Je veux remercier le Seigneur en tout temps. Que ma bouche ne cesse pas de Le louer !*

Le Seigneur est toute ma fierté. Vous les humbles réjouissez-vous de m'entendre Le louer.

Joignez-vous à moi pour dire la grandeur du Seigneur ensemble, proclamons bien haut qui IL est. **Français Courant 1997**.

Saison d'épreuves, de conquêtes, de combats… Les chantres entonneront généralement, les cantiques qui visent à témoigner de la fidélité de Jésus, de Son amour, de Sa toute-puissance … Selon que le Saint-Esprit inspirera ou conduira.

Hébreux 13 :8 *Jésus-Christ est Le même hier, aujourd'hui et pour toujours.* **Français Courant 1997**.

Hébreux 8 :24-25 *Mais Jésus est éternel, IL possède un sacerdoce perpétuel qui ne peut être transmis à personne d'autres.*

Voilà pourquoi IL est toujours en mesure de sauver parfaitement et à jamais ceux qui s'approchent de Dieu par Son intermédiaire. Parce qu'IL vit éternellement, IL peut intervenir en leur faveur auprès de Dieu. **Parole Vivante**.

Psaumes 20 : 7-9 *Je sais déjà que l'Eternel sauve Son oint ; IL l'exaucera des Cieux, de Sa Sainte demeure, par le secours puissant de Sa Droite.*

Ceux-ci s'appuient sur leurs chars, ceux-là sur leurs chevaux ; nous nous invoquons le Nom de l'Eternel notre Dieu.

Eux ils plient, et ils tombent ; nous nous tenons ferme, et restons debout. **Scofield**.

Psaumes 91 : 7-8 *Oui même si ces fléaux font mille victimes près de toi et dix mille encore à ta droite, il ne t'arrivera rien.*

Ouvre seulement les yeux et tu verras comment Dieu paie les méchants. **Français Courant 1997**.

1 Jean 5 : 4 *Parce que tout ce qui est né de Dieu triomphe du monde ; et la victoire qui triomphe du monde c'est notre foi.* **Louis Segond**.

Comme pour signifier que le frère ou la sœur qui auront à diriger les cultes de **Louange/ Adoration**, ne feront pas dans la loterie, pour avoir la direction du culte. Il ou elle devra seulement, connaître la saison par laquelle passe l'église locale et, suivre la direction du Saint-Esprit quant aux cantiques à chanter.

CHANTER SOUS COUVERT

Chanter sous couvert ou sous une couverture, c'est de chanter un cantique composé par, un frère ou une sœur en Jésus. C'est d'un point de vue spirituel, s'identifier à l'auteur ou le compositeur de ce cantique. En désirant, jouir par la grâce du Père, d'une communion semblable à la sienne, et, des grâces qui ont été relâchées par le Père Céleste, lors de la composition de ces cantiques. Vouloir partager la réalité de sa foi ; de la foi de celui qui en est l'auteur.

2 Corinthiens 5 : 21 *Celui qui était innocent de tout péché, Dieu l'a chargé pour nous de tous les péchés du monde ; IL est devenu comme une incarnation du péché pour que, dans Sa communion, nous puissions être agréés, étant revêtus de la justice de Dieu.* **Parole Vivante**.

Genèse 27 : 1-4, 6-9,11-16,18-23,26 *Isaac était devenu vieux, sa vue avait tellement baissé qu'il n'y voyait plus, il appela son fils ainé : Esaü ! – Oui, répondit-il, je t'écoute.*

Isaac reprit : Tu le vois, je suis vieux et je ne sais pas combien de temps j'ai encore à vivre.

Prends ton arc et tes flèches et va à la chasse. Tu me ramèneras du gibier,

Tu me prépareras un de ces plats appétissants, comme je les aime, et tu me l'apporteras, j'en mangerai, puis je te donnerai ma bénédiction avant de mourir.

Rébecca dit à son fils Jacob : j'ai entendu ton père dire à Esaü

Apporte-moi du gibier et prépare-moi un plat appétissant. Quand j'en aurai mangé, je te donnerai ma bénédiction devant le Seigneur avant de mourir.

Maintenant mon fils, écoute-moi bien et fais ce que je te recommande.

Va au troupeau et rapporte-moi deux beaux chevreaux, je préparerai pour ton père un de ces plats appétissants, comme il les aime.

Jacob répondit à sa mère : Esaü est couvert de poils, mais pas moi. Si mon père me touche, il découvrira que je le trompe et j'attirerai sur moi non pas sa bénédiction mais sa malédiction.

Sa mère répliqua : Je prends sur moi cette malédiction, mon fils. De toute façon, écoute-moi et va me chercher ces chevreaux.

Jacob alla les chercher et les apporta à sa mère. Elle en fit un de ces plats appétissants qu'Isaac aimait.

Ensuite elle prît des vêtements de son fils aîné, les plus beaux qu'elle avait à la maison, et en habilla Jacob, son fils cadet.

Avec, la peau des chevreaux, elle lui recouvrit les bras et la partie lisse du cou.

Il alla trouver son père et lui dit : Mon père ! – Je t'écoute, mon fils, dit-il ; mais dis-moi qui es-tu ?

Jacob reprit : Je suis Esaü, ton fils aîné. J'ai fait ce que tu m'as demandé. Viens donc t'asseoir pour manger de mon gibier ; ensuite tu me donneras ta bénédiction.

Comment as-tu trouvé si vite du gibier, mon fils ? Demanda Isaac. Il répondit : Le Seigneur Ton Dieu l'a mis sur mon chemin.

Isaac dit à Jacob : Approche-toi. Je veux te toucher, mon fils, pour m'assurer que tu es bien mon fils Esaü.

Jacob s'approcha de son père ; Isaac le toucha et dit : La voix est celle de Jacob, mais les bras sont ceux d'Esaü.

Il ne reconnut pas Jacob parce que ses bras étaient couverts de poils comme les bras d'Esaü....

Ensuite Isaac lui dit : Approche-toi et embrasse-moi, mon fils ! Jacob s'approcha donc et l'embrassa. Isaac sentit l'odeur de ses vêtements et lui donna sa bénédiction. **Français Courant**.

2 Rois 2 : 11-14 *Pendant qu'ils marchaient et s'entretenaient, un char étincelant, tiré par des chevaux éclatant de lumière, les sépara ; et aussitôt, Elie fut enlevé au Ciel dans un tourbillon de vent.*

Lorsque Elisée vit cela, il se mit à crier : Mon père ! Mon père ! Tu valais tous les chars et tous les cavaliers d'Israël ! Quand il ne vit plus Elie, il déchira ses vêtements en deux.

Ensuite il ramassa le manteau qu'Elie avait laissé tomber de ses épaules et il retourna sur la rive du Jourdain où il s'arrêta.

Il prit ce manteau et frappa l'eau du fleuve en s'écriant : Où est le Seigneur, le Dieu d'Elie ? Oui ! Où est-il ? Il frappa donc l'eau du fleuve, qui s'écarta de part et d'autre, et il put passer. **Français Courant**.

Pourquoi, je parle de ce sujet ?

Si j'en parle, c'est pour expliquer quelque chose de très important. Si vous chantez sous couvert (sous une couverture), vous devez savoir et garder à la pensée que, les paroles originales de l'auteur du cantique sont ointes. Elles portent, son onction.

De ce fait, vous ne pouvez pas les changer selon, votre fantaisie. Ou encore, changer le style ou rythme musical, au risque, de faire perdre au chant, sinon au cantique, sa signature. Rappelons que la signature de chaque cantique, est l'onction de son auteur. Un cantique rock que vous mettriez en salsa n'aura que peu d'intérêt car, l'atmosphère spirituelle qui sera dégagée différera de trop à la version originale.

Ainsi trop de frères ou sœurs, ne restent pas toujours fidèle à l'esprit du cantique. Ils dénaturent, les cantiques faisant par-là du tort, à ceux qui bénéficient de leur service.

Toutes ces fautes peuvent être évitées. Et nous le comprendrons mieux, lorsque nous parlerons des anges associés au Ministère de Chantre.

Pour la traduction d'un cantique en une autre langue, ne vous inquiétez pas, elle est l'œuvre du Saint-Esprit. Qui inspirera, à un frère ou à une sœur, une traduction plus fidèle à l'œuvre originale.

Soyez rassuré, le Saint-Esprit nous aidera toujours. Mais vous, faîtes tous vos efforts pour rester fidèle à l'esprit de l'auteur des cantiques que vous chantez. Ainsi, vous pourrez non seulement vous-même, recevoir les bénédictions qui en découlent. Mais aussi, faire jouir au peuple de Jésus également de ces bénédictions.

COMPOSER DES CANTIQUES

Psaumes 33 : 1,3 *Justes, réjouissez-vous en l'Eternel ! La louange sied aux hommes droits.*

Chantez-Lui un cantique nouveau ! Faites retentir vos instruments et vos voix ! **Scofield**.

Témoignage :

Cela remonte à l'année 2009, alors que je me trouvais à Port-Gentil (Gabon) dans notre maison familiale, comme à la coutume, je m'étais réveillé à 2h du matin pour passer, mon culte de Louange/Adoration avant de partir au Lycée.

Quand durant, ces moments je ressentis comment l'Ange de l'Eternel me revêtit d'un manteau de Louange/Adoration. Je vécu à partir de ce jour des temps, extraordinaire dans la Louange et l'Adoration.

Je remarquais que chaque fois, que je me mettais à louer ou à adorer, la Présence glorieuse du Seigneur Jésus remplissait la pièce. Et, cela était très agréable. J'étais seulement à quelques mois de ma conversion. J'occupais beaucoup plus mon temps dans, la méditation et la Louange/Adoration par le chant.

Et, pour favoriser ma croissance, le Saint-Esprit me donna comme repère, dans ce domaine de la Louange/Adoration, le groupe Exo avec ***Chris et Laura CHRISTENSEN***. Et, un peu plus-tard IL me demanda de m'intéresser également, à ***Terry Macalmon***. Ils ont tous influencé positivement, ma communion avec Jésus. Mais, je dois admettre que par Terry Macalmon, le Saint-Esprit m'a fait rentrer dans une telle profondeur d'amour. Et, je le considère comme mon père dans la foi.

Ma communion avec, le Seigneur Jésus ne cessait de grandir et, à cette même période, le Saint-Esprit me dit qu'il fallait que ma communion soit partagée avec les frères et sœurs dans la foi. Mais, je Lui répondais que je n'étais pas habitué à chanter devant un public. Et que ce qui m'intéressais moi, c'était seulement d'avoir mes temps d'adoration avec Jésus. Mais, il insista dans ce sens. Et, je compris que je devais composer des cantiques, seulement, je ne savais pas par où commencer.

Donc, des années avaient passées, jusqu'à ce qu'un jour, alors que j'allais voir un ami pasteur, le Saint-Esprit va me demander de chanter.

Le hic ! Pourquoi le hic ? Le hic dans ceci, est que je ne savais que chanter. Evidemment, les rythmes et styles au Gabon sont différents des styles occidentaux, et donc, je me mis à prier.

Là-dessus, le Saint-Esprit était un peu fâché contre moi. Mais, IL me fit grâce, en me demandant bien après de me rendre à un cyber café. Et là, IL me conduisit sur un article d'un aîné dans la foi **Paul BALOCH**. Ce dernier, conseillait d'avoir simplement un magnétophone et de se laisser conduire en enregistrant les paroles, ainsi que les mélodies qui sortiraient de nos bouches.

C'est ainsi que je me suis vu composer des cantiques. Je n'ai certes pas encore enregistré un album, mais cela ne saurait tarder. Et, le premier album que j'ai eu à écrire, je l'ai écrit en deux ou trois jours si, j'ai bonne mémoire.

Raconté comme cela a été fait, c'est une histoire agréable. Mais, il faudrait qu'elle profite à plusieurs parmi nous. C'est pourquoi nous en tirerons les principes.

LES PRINCIPES

- Le premier principe est celui de la grâce. Pour composer, il faut au préalable avoir reçu une parole dans ce sens de la part de Jésus notre Seigneur. Pour moi, je l'ai reçu du Saint-Esprit dans les livres de

Jean 4 : 23-24 *Mais le temps viendra non, il est déjà là où le Saint-Esprit qui révèle la Vérité rendra les vrais adorateurs capables d'apporter au Père un culte spirituel et conforme à la Vérité ; Car le Père cherche des hommes qui L'adorent ainsi.*

Dieu est un Être spirituel et il faut que ceux qui veulent L'adorer, Lui rendent un culte qui soit spirituel et conforme à la Vérité. **Parole Vivante**.

Apocalypse 14 : 3(a) *Ils entonnèrent tous devant le Trône, devant les quatre animaux et devant les vieillards, un cantique nouveau.* **Parole Vivante**.

- Le deuxième principe est celui de la mise à part. Evidemment, dans le couloir dans lequel le Seigneur Voudrait que vous composez.

Les styles varient d'un peuple à un autre. Cela est très important, car c'est selon les styles que, le Saint-Esprit vous demandera de composer ou chanter. Et que, l'Onction coulera sans trop forcer. Sans quoi, rien de spirituel ne pourrait sortir.

Mathieu 24 : 35 *Le Ciel et la Terre passeront ; mais Mes paroles ne passeront jamais.* **Parole Vivante**.

- Un autre principe est celui du repère. Les miens sont Exo et Terry Macalmon, selon que le Saint-Esprit me les a révélés. Plus-tard, j'ai certes découvert d'autres frères et sœurs qui ont également, influencer ma foi, ma communion avec Jésus. Je ne les citerai pas tous. Mais, je veux penser à Hillsong, Paul Wilbur, Don Moen etc…

Que veux-je dire par là ?

Le minimum que je puisse faire, c'est d'être à leur niveau. D'écouter leurs enseignements, pour avoir la base que le Seigneur Jésus voudrait que j'ai.

Car, s'IL vous donne un repère (homme) comme miroir devant vous, c'est que cet homme est Son produit. Et, qu'il vous donnera l'enseignement qu'IL voudra que vous ayez comme base, pour poursuivre avec le Saint-Esprit votre destiné en Jésus notre Seigneur.

Philippiens 3 : 17-18(a)-20 *Convenez tous, mes amis, de suivre mon exemple et de prendre modèle sur ceux qui marchent sur nos traces.*

Car, il en est beaucoup qui vivent en ennemi de la croix du Christ : leur conduite le prouve.

Mais pour nous notre patrie est dans les mondes célestes : nous sommes citoyens du Royaume des Cieux. De là viendra, pour nous sauver, le Seigneur Jésus-Christ : nous L'attendons de toutes les fibres de notre être. **Parole Vivante**.

Ainsi, en suivant l'exemple du modèle qui vous é été donné par Jésus, vous aurez racheté le temps dans votre vie.

Il y a certaines choses que je voudrais libérer, donc je vais essayer de le faire. Et, je prie que cela soient à votre bénéfice.

Laisser le Saint-Esprit vous révélez, le repère que Jésus voudrait que vous ayez. Et ce repère, n'est pas nécessairement, une personne qui vous soit proche. Ce repère peut même être dans un pays autre, que le vôtre.

Certes, vous n'aurez peut-être pas un enseignement parlé au quotidien, mais si vous achetez les œuvres de ce frère ou de cette sœur votre esprit grandira, se développera.

Cela ne signifie pas nécessairement que vous devez abandonner vos assemblées si vous vous trouvez dans la même ville. Non ! Seulement, que vous aurez un plus, dans votre communion avec Jésus pour accomplir votre destiné.

Hébreux 10 : 25 (a) *N'abandonnons pas notre assemblée comme c'est la coutume de quelques-uns.* **Louis Segond**.

- Autre point, croyez en la promesse ou la direction que vous avez reçu de Jésus ou du Saint-Esprit.

C'est très important ce que je partage avec vous. Chaque vision demande au préalable d'avoir la foi. De croire en Jésus en suivant, Son orientation. Et non pas, à ce que penserait quelqu'un d'autre sur vous. Il vous faut croire.

Ainsi, si d'autres ne croient pas en vous, rappelez-vous que la première Personne à croire en vous est Jésus. Et que vous devriez être la deuxième personne à croire en vous-même.

Lorsque, je vous encourage à croire en vous, je vous demande de marcher en direction de ce que Yeshua vous a dit. Et non pas, de systématiquement fermer l'oreille à tous ce que les autres pourraient avoir comme remarques fondées.

Romains 3 : 3-4 *Eh quoi ! Si quelques-uns n'ont pas cru, leur incrédulité annulera-t-elle la fidélité de Dieu ?*

Loin de là ! Que Dieu, au contraire soit reconnu pour vrai, et tout homme pour menteur selon qu'il est écrit : Afin que Tu sois trouvé juste dans Tes paroles et que Tu triomphes lorsqu'on Te juge. **Louis Segond**.

Romains 4 : 16-17 *Par conséquent, les bénédictions de Dieu dépendent d'un acte de foi, afin que l'héritage soit un don gratuit de la grâce divine. Ainsi seulement, il est accessible et garanti à toute la descendance d'Abraham, non seulement à sa lignée selon la Loi, mais encore à tous ceux qui ont la même foi que notre père commun.*

N'est-il pas écrit : Je t'ai établi père d'une multitude de peuple ? Il est notre père à tous, et comment l'est-il devenu ? Parce qu'il a fait confiance à Dieu qui donne la vie aux morts et fait sortir l'être du néant. **Parole Vivante**.

Romains 4 : 18-19 *Là où toute espérance paraissait insensée, il a espéré et s'est cramponné avec foi à cette promesse : Nombreuse sera ta descendance. Ainsi il est devenu le père d'une multitude de peuples.*

Naturellement, il savait qu'étant presque centenaire, son corps n'avait plus le pouvoir de procréer, il savait aussi que Sara n'était plus en état d'avoir des enfants. Mais toutes ces considérations ne l'ont pas fait vaciller dans sa foi. **Parole Vivante**.

Oui, il vous faudra croire en la grâce de Dieu dans votre vie. C'est très important ce que je dis. Sinon, on arrive à ne rien réaliser.

SERVICE ANGELIQUE DANS LE MINISTERE

Il est très important d'en parler. Le Ministère des anges, est mal connu ou perçu autour de nous. Et cela, est souvent source de retard ou, de blocage dans le Ministère.

Les anges ont des missions spéciales, assignées par le Père en faveur de Ses enfants ou fils. Et, le fait d'en parler nous aidera à corriger certaines fautes.

Hébreux 1 : 7 *Voici ce que Dieu a dit au sujet des anges : J'utilise les anges comme J'utilise les vents, ils Me servent comme le font les éclairs.* **Parole de Vie**.

DES MISSIONS SPECIALES

DES MISSIONS SPECIALES ? Oui des missions particulières. C'est-à-dire qui différencient leurs actions de l'action d'autres anges ayant été affecté à servir le même enfant de Dieu. Spécialement envoyer, pour accomplir une tâche bien précise, à vos côté ; pas pour tous faire à la foi. Non quelque chose de précis.

Pour un saint ange, la désobéissance au Seigneur n'est pas admise. Et, avant d'être au service des hommes, ils sont enseignés à l'école des anges sur comment marcher avec des hommes ; de peur, de les tuer.

Exode 23 : 20-21 *Je vais envoyer un ange qui vous précédera et vous protégera le long du chemin ; il vous conduira dans le pays que je vous ai préparé.*

Prenez bien soin de lui obéir, de ne pas vous montrer insoumis ; car il ne supporterait pas vos révolte, car il agit en Mon Nom. **Français Courant.**

Il ne supporterait pas vos révoltes comme pour signifier que Moi Dieu, Je peux Me montrer miséricordieux. Mais, pour eux c'est très difficile.

!!! Le culte des anges est en abomination à l'Eternel notre Dieu. Donc, il n'est pas question de cela ici. Mais, de comprendre certaines vérités spirituelles.

Apocalypse 22 : 8-9 *Moi Jean, j'atteste avoir vu et entendu tout cela. Après ces visions et ces paroles, je tombai en adoration aux pieds de l'ange qui m'avait tout montré.*

Non, me dit-il, ne fais pas cela ! Je suis un serviteur comme toi et tes frères les prophètes et ceux qui obéissent aux enseignements de ce Livre. Tu ne dois adorer que Dieu seul. **Parole Vivante**.

Donc, les saints anges vont être affectés à chacun d'entre nous, selon la grâce que nous avons reçue du Père. Avons-nous comme grâce de guérir les malades ? Les anges exécuteront leur service afin qu'il y ait des guérisons dans l'assemblée des saints.

Avez-vous reçu comme grâce celle d'établir le Royaume des Cieux, dans le territoire dans lequel vous vous trouvez ? Des anges de combats vous seront affectés pour faire face, aux différents combats d'ordre spirituel. Et, vous aider à atteindre cet objectif.

Avez-vous reçu comme grâce, celle de faire des affaires ? Les anges à votre service ne manqueront pas d'agir dans ce sens en permettant à ce que votre Business ne soit pas sous l'influence, d'un envoutement etc…

Les missions des anges sont claires, et bien définis par notre Père céleste. Elles ne sont pas, en opposition avec celle du Saint-Esprit en nous.

Car, la mission du Saint-Esprit étant de nous conduire dans toute la Vérité, en nous la révélant, en nous l'enseignant. Mais aussi, en nous convainquant de péché, de justice et de jugement éternel. **Cf Jean 16 : 8**. Sans oublier, le fait qu'IL remplisse nos cœurs d'amour pour Jésus, et nous aide à toujours fixer les regards sur Lui, à préparer son retour. **Cf Romains 8 : 26**.

Et, Sa mission en nous ne saurait être confondue, à celle des anges qui ont pour principale mission à nos côtés de nous servir. En exécutant, les ordres que nous leur donnant en nous recommandant de Jésus, auprès du Père. Bien évidemment avec, l'approbation de notre Père céleste. Tout cela, pour faire respecter **le Nom** et **l'Autorité du Seigneur Yeshua** partout dans la Création.

Jean 1 : 51 *Et IL ajouta (en s'adressant à tous) : oui, vraiment, Je vous l'assure à partir de maintenant vous verrez le Ciel ouvert et les anges de Dieu monter et descendre entre Ciel et Terre au service du Fils de l'Homme.* **Parole Vivante**.

Il y a un service angélique, durant les temps de Louange/Adoration, au bénéfice des saints. Ce service est de qualité, lorsque le frère ou la sœur sait écouter le Saint-Esprit ; reconnaître Sa direction ou se laisser conduire par Lui. C'est alors, que le service angélique se fait en notre faveur.

A notre côté, ils ne feront que ce qui leur a été assigné par le Seigneur Jésus.

Actes 10 : 1-7 *A Césarée vivait alors un officier romain nommé Corneille. Il commandait un bataillon d'une centaine d'hommes dans le régiment italien.*

C'était un homme profondément religieux qui adorait le vrai Dieu avec tous ceux de sa maison. Il était généreux envers les juifs pauvres et persévérant dans sa vie de prière.

Un jour vers trois heures de l'après-midi, il eut une vision : il aperçut distinctement un ange de Dieu qui entrait chez lui et lui disait : -Corneille !

Corneille, tout tremblant de peur, le regarda fixement et demanda :

Que veux-tu de moi, seigneur ? L'ange lui répondit :

Tes prières et tes largesses en faveur des pauvres ont été remarquées par Dieu et cela Lui a été agréable. Aussi est-IL intervenu en ta faveur.

Maintenant donc, envoie des hommes à Jaffa et invite à venir ici un homme appelé Simon que l'on surnomme Pierre. Il loge chez un autre Simon, un ouvrier tanneur, qui habite dans une maison au bord de la mer.

Dès que l'ange qui venait de lui parler eut disparu, Corneille appela deux serviteurs et un soldat croyant, tous attachés à sa personne et partageant ses convictions. **Parole Vivante**.

L'ange s'est arrêté, sur le fait de demander à Corneille de faire appel à Pierre. Pourtant, il aurait pu à notre sens dire à Corneille, tous ce que Pierre est venu lui dire plus-tard. **Cf Actes 10 : 24-48**.

Où est-ce que je veux en venir ?

Les anges qui vous sont assignés, par le Père de gloire, peuvent passer leur séjour sur la Terre en compagnie de certains frères et sœurs sans, jamais accomplir la mission spéciale qui explique leur présence à nos côté.

1 Corinthiens 15 :50 (a) *Ce que je dis frères, c'est que la chair et le sang ne peuvent hériter le Royaume de Dieu.* **Louis Segond**.

A moins que, vous ne soyez spirituel pour écouter la Voix du Bon Berger, Ses directives par le Saint-Esprit, votre Ministère de chantre ne saurait être au bénéfice du Peuple. Car, votre service angélique serait en congé forcé.

Je vais encore, mieux vous l'expliqué.

Encore mieux :

La Composition des cantiques nouveaux :

Savez-vous comment, un chantre ou un musicien arrive à composer un cantique, les mélodies et l'habillage du cantique ?

Je réponds : Les paroles du cantique proviennent de la communion du frère ou de la sœur avec le Saint-Esprit. Ces paroles seront puisées, dans ce qui remplit son cœur.

Mathieu 12 : 35 (a) *L'homme foncièrement bon sort de bonnes choses d'un fond qui est bon.* **Parole Vivante**.

Mais au moment de composer, le Saint-Esprit donnera ordre, aux anges affectés au frère ou à la sœur de ce mettre à jouer de leurs instruments. Et par leur jeu d'instruments, le frère ou la sœur (chantre ou musicien) capteront la mélodie pour la reproduire. Cela requiert évidemment, d'être spirituel.

Exode 25 : 40 *Je vais te montrer le plan de la tente sacrée et le modèle à suivre pour fabriquer les objets. Vous les ferez exactement comme cela.*

Toi, Moïse, tu feras tout fabriquer selon le modèle que Je te montre ici, sur cette montagne. **Parole de Vie**.

La gloire dans ce travail, revient à Jésus Notre Seigneur. Le mérite du chantre ou du musicien est seulement d'être spirituel. J'entends par être spirituel, le fait d'entendre et de suivre la Voix du Bon Berger.

Jean 10 : 11(a), 14, 5 *Je suis le Bon Berger, Je connais Mes brebis, et elles Me connaissent.*

Elles ne suivront point un étranger ; mais elles fuiront loin de lui, parce qu'elles ne connaissent pas la voix des étrangers. **Louis Segond**.

Ainsi, pendant le culte de Louange/Adoration, les anges jouent les mélodies des cantiques que vous entonnez lorsqu'ils sont spirituels. Et, c'est eux qui vous font savoir de passer à un autre cantique ; notamment lorsqu'ils sont dans un temps faible ou jouent un autre air.

Il y a des cantiques pour lesquelles ils chantent à l'unissons avec les hommes et ceux pour lesquels ils jouent uniquement de leurs instruments.

Et même, lorsqu'il s'agit de passer sur un autre cantique la transition se fait par l'arrêt ou pas du jeu de leurs instruments. Je crois que plusieurs ou certains d'entre vous ont déjà eu cette impression à certains moments, que le chantre est passé trop vite sur le cantique suivant et que, l'action du Saint-Esprit était manifeste sur le précédent. Cette impression qui est fondée dans la plupart des cas est due au fait que le chantre à manquer de discernement ou de lecture de l'atmosphère spirituelle.

C'est donc, au cours de pareil moment, lorsque la symbiose ange-homme est au point que Jésus siège, sans crainte d'être interrompu et que les autres anges exécutent leurs missions spéciales.

!!! Mais, si le chantre n'est pas conduit par le Saint-Esprit, les anges affectés au service de la Louange et de l'Adoration, ne peuvent les accompagner durant le culte. Car, leur service est charnel. C'est ce qui explique souvent, certaines difficultés dans les temps de Louanges/Adorations durant certains cultes.

Jean 3 : 10-11 *Comment est-il possible que tu ne comprennes pas ce langage, lui répond Jésus, toi qui enseigne le Peuple d'Israël ! Ignorerais-tu ces choses ?*

Vraiment, Je te l'assure : nous parlons seulement de ce que nous connaissons réellement, et nous témoignons de ce que nous avons observé ; et pourtant, aucun de vous n'est prêt à prendre notre témoignage au sérieux. **Parole Vivante**.

Ne me demander pas de faire de vous des hommes spirituels. C'est l'œuvre du Saint-Esprit dans la vie d'un homme. Seul Lui en a le secret.

Moi, je ne peux qu'enseigner à tous ce qu'ils ne comprennent pas ou ne savent pas selon, la grâce qui m'a été accordée. Par contre, je pourrai vous apporter une lumière là-dessus :

Mathieu 5 : 3, 6 *Heureux ceux qui sont conscients de leur pauvreté spirituelle, car c'est à eux que le Royaume des Cieux est réservé.*

Heureux ceux qui aspirent de toutes leurs forces à vivre comme Dieu le demande, car ils seront pleinement satisfaits. **Parole Vivante**.

Mathieu 5 : 3, 6 *Heureux les pauvres en esprits, car le Royaume des Cieux est à eux !*

Heureux ceux qui ont faim et soif de justice, car ils seront rassasiés ! **Louis Segond**.

AVIS aux Chantres et Musiciens

Je crois à mon humble avis que vous êtes trop favorisés à mon gout, par notre Père céleste. Oui, je le crois ! Car,

Psaumes 22 : 4 *Pourtant Tu es le Saint, Tu sièges au milieu des Louanges d'Israël.* **Louis Segond**.

Comme pour dire que Dieu notre Père, résout les problèmes de Son Peuple dans une atmosphère de Louange et d'Adoration.

Mais encore,

1 Corinthiens 13 : 8-9 *L'amour n'aura pas de fin. Les prédications inspirées passeront, les prières en langues cesseront et toutes nos connaissances s'évanouiront.*

Notre science, d'ailleurs, est bien limitée, nous ne connaissons que quelques fragments de la Vérité, et même nos prédications les plus inspirées n'en reflètent qu'une partie.

Mais le jour où la perfection apparaîtra, ce qui est fragmentaire se trouvera dépassé et toute imperfection tombera. **Parole Vivante**.

Vous êtes les seuls à avoir reçu un Ministère éternel. La classe quoi ! Vous faîtes des envies dans le cœur de …, heu ! Je ne sais même pas s'il a un cœur celui-là ! Je veux parler de Lucifer.

C'est que par la grâce de notre Père céleste, l'amour de notre Seigneur Jésus et la communion avec, l'Admirable conseillé, le Paraclet, vous avez cette grâce de pouvoir atteindre, les standard de Dieu notre Père selon qu'il est écrit dans

Jean 17 : 3 *Or, la Vie éternelle, consiste pour les hommes à Te connaître, Toi le Dieu unique et véritable, et Celui que Tu as envoyé : Jésus-Christ.*

Parole Vivante.

Donc, il va de soi qu'avec une telle faveur de la part de notre Seigneur Jésus, vous puissiez être fiers de Le représenter.

CONSEIL aux Chantres et Musiciens.

Il est important de comprendre qu'un groupe, ou un département, évolue ensemble. Ainsi donc, le désire de plaire à Jésus, doit être partagé, par l'ensemble du groupe ou département.

Car, cet état d'esprit aura pour effet, de favoriser une atmosphère propice à l'action du **Paraclet** (**Ruach Hakkadosh**), en français **Saint-Esprit**. Personne ne rechignerait à la tâche, ou à l'effort à fournir.

Je dirai que le fondement d'un groupe de Louange/Adoration est l'amour véritable pour Jésus et son prochain. Cet amour a pour conséquence de libérer un mouvement puissant de restauration, délivrance, guérison, consolation, miracle au cours du service de culte.

Il est donc à proscrire, les rivalités que nous observons généralement dans les églises locales. Rivalités liées à la voix, à la position d'influence, à l'argent et j'en passe… Avec de telles attitudes, on ne saurait plaire à Jésus et être en bénédiction à l'assistance.

Aussi, comprenez la responsabilité qu'est la vôtre. Et, tendez à ce qui est parfait, vertueux.

Luc 2 : 52 *Et Jésus continuait à grandir. Son intelligence s'affinait. IL se rendait toujours plus agréable à Dieu et aux hommes.* **Parole Vivante**.

UN PEU DE VOCABULAIRE

Un peu de vocabulaire, idée de nous aider à mieux cerner le sens de certaines expressions bibliques. Et donc, à savoir ce que l'on déclare souvent alors que nous exerçons notre ministère. Ces définitions sont relatives à notre foi.

Célébrer : Célébrer un individu, c'est le rendre célèbre, important, populaire dans les cœurs ou le quotidien de ses contemporains ; dans leurs conversations.

Vanter les mérites : C'est partagé à tous ceux qui nous écoutent, la raison, le pourquoi, ils doivent eux aussi s'intéresser à … En un mot c'est être avant tout fier de cette personne au point où nous ne tarissons pas d'éloges à son égard.

Proclamer : Dire à haute voix à qui veut l'entendre, ce qui remplit notre cœur

Acclamer : Battre très fort les mains en poussant des cris de joies. Et, j'insiste des cris de joie, la vraie joie ; dû au fait que la Présence glorieuse de Yeshua vous rassasie ou vous a rassasie.

Ovationner : Reconnaitre la grandeur et le mérite d'une personne après une prestation de ses capacités ou qualités, et qui se fait suivre par des acclamations de toute l'assistance sur un temps prolongé.

Elever : Donner ou encore, accorder à quelqu'un un rang supérieur à d'autres par mérite.

Aimer : Apprécier, prendre plaisir à …
Exemple : J'aime Jésus signifie que Je prends plaisir à Sa Présence et J'apprécie Sa compagnie et Sa Parole.

Glorifier : Entourer ou revêtir quelqu'un de gloire ; en lui rendant l'honneur, le mérite, la reconnaissance publiquement, pour ce qu'il est ou pour son œuvre.

Exemple : Ancien des jours, Lion de la tribu de Juda, Dieu très-haut, Dieu d'éternité, Rose de Saron, Saint d'Israël, Agneau de Dieu, Prince de Paix, Roi de Salem, Père de Lumière, Perle précieuse, Adonaï, le Grand JE SUIS, Eternel des Armées etc… Est une manière de revêtir Jésus de gloire.

CONCLUSION

Je me dis que si vous êtes arrivé, jusqu'à ce niveau, c'est que vous êtes l'un des futurs chantres agréables de Jésus pour votre génération.

2 Samuel 23 : 1 *Voici les dernières paroles de David. Parole de David, fils d'Isaï, Parole de l'homme haut placé, De l'oint du Dieu de Jacob, Du chantre agréable d'Israël.* **Louis segond**.

Aussi, je vous souhaite une très bonne progression dans votre Ministère de Chantre ou de Musicien.

Et que Jésus notre Roi, notre Seigneur, notre Dieu vous bénisse !
Mais aussi, que Son Règne s'établisse sur la Terre ! Amen !

Vive Yeshua Ha Mashia !

REMERCIEMENT

Je tiens à remercier personnellement tous mes ennemis, qui ont été des tremplins de bénédictions pour l'écriture de ce Livre.

Je tiens à remercier mes amis et frères dans la foi, qui eux ne cessent de prier pour moi et m'en courager dans mon Ministère.

Mais, dans tout ce travail je tiens sincèrement à remercier le Saint-Esprit pour Sa direction tout au long de l'Ecriture de ce Livre. Jésus pour la Croix, cette passion qu'il a manifestée par amour pour le Père et par amour pour nous. Je tiens également à remercier Dieu notre Père qui nous a tant aimé et qui nous a donné Son Fils (unique) afin que quiconque croit en Lui ne périsse point. Mais qu'il ait la Vie éternelle.

Daniel !

PS : Daniel est le nom nouveau que Jésus mon Seigneur m'a donné.

Printed by Books on Demand GmbH, Norderstedt / Germany